The End
of the World
Came
to My
Neighborhood

Frank Báez

Translations by Anthony Seidman

SPUYTEN DUYVIL

NEW YORK   PARIS

Some of these poems first appeared in: *Acentos, Book of Matches, Latin American Literature Today*, and *Rattle*. Much gratitude.

MY DAD AND *TREASURE ISLAND*

Recently a friend wrote to me, commenting on how she mourned my father's passing. Instead of repeating commonplace phrases used for such occasions, she spoke to me of the poor relationship she has with her progenitor, and how she would be unable to remember him with a similar fondness and admiration were he to die.

That has made me ponder a lot. I truly had the privilege and the joy in having an affectionate father who was always by my side and who deeply loved me. Dad taught me everything I know. I could spend hours mentioning the virtues he transmitted to me, but I wish to focus on two aspects which have been essential to me: Dad taught me how to read and write. I don't wish to discredit the merits of the school where I studied, nor the loving teachers who struggled so much with me, but given that I suffer from dyslexia and that it is difficult for me to relate graphs with sounds, it was he who had the patience and determination to teach me. By way of practice and exercises, he helped me to overcome that defect.

I remember the first novel I explored: *Treasure Island* by Robert Louis Stevenson. I was around seven years old. Dad, seated alongside the bed, read aloud chapter after chapter, night after night. When I didn't understand a word, he would explain it to me, and he read with such clarity that I only needed to close my eyes to imagine the setting and characters. Similarly, it was he who introduced me to poetry. Whenever they ask me how I started to write, I respond with the following anecdote. Dad used to read poetry following lunch. At times he would stand up, head off to his library and return with poetry collections that he would read in his proper and unhurried manner, pronouncing and savoring each vowel and consonant. On one of those occasions, he was reading a poem by Neruda when all of a sudden he stopped and said that the poem reminded him of another text. He went to his library and returned with a book by Dylan Thomas. Before starting his recital, he explained to me how the author fell into a deep coma which led to his death after drinking 18 whiskies, one after the other, in New York. Then he read the poem. At first, it didn't say much to me, but it was enough for him to read "This world is half the devil's and my own" to change my life. It was like shockwaves of an atom bomb washing over me. That verse reorganized my genetic code and changed me into a poet. That very day I started to write.

When I showed him my poems, he was amazed at how eccentric they were, and he would ask me if I was using drugs, had gone mad, just why so many hermetic, sarcastic, and dark verses, which was quite expected, as I was reacting rabidly to the period's literary style. However, over time he liked the poems, and he came to read some aloud following lunch, as he did with work by poets he admired...although he would still cover his face from embarrassment at readings whenever I screamed at the top of my lungs "I am the Marilyn Monroe of Santo Domingo!"

Before dedicating himself to research, Dad wrote poems very influenced by the revolutionary poetry of the 60's, but with the passing of time he understood his calling was of a different nature. So it was beautiful for him to have a poet son. It didn't matter that that son wrote such crazy and delusional things;

deep down it was an honor to have a poet in the family. He would always repeat to me to never abandon writing, and that when jobs proved demanding and took my time from writing, reading, and thinking, that I quit, and that he would get some money for me, because what was important was that I write. This doesn't mean he was a dreamer; on the contrary, he had his feet firmly planted on the ground. He often repeated the advice given to poet Darío Jaramillo by his father: "He who writes for money, neither eats nor writes." Dad passed away on September 23rd, 2016.

A week following his death, I wrote this poem:

Before going to the hospital, I accompanied my father
for a haircut, and the barber with tattooed arms,
polished the seat with a rag as if it were a throne
and my father with his beard and glasses hesitated before sitting
because he loathed all privileges
and if he frequented that barbershop where the decibels
of reggaeton and salsa music
shattered the eardrums of the clientele
it was because he felt at home
and the barber's scissors were a bird
fluttering over my father's head
and it intoned a song
which was imperceptible to mortals.

It was a song about death
and that was the last haircut my father would have
and the barber did not know that,
nor did I know that,
no one knew.

Outside the sun was shining,
Friday was approaching,
and the other barbers sheared the heads
of their clients
with their little machines.

At times I have thought of going to the barbershop
to tell the barber with tattooed arms
that my father has died.
Or perhaps not tell him a thing,
just sit down so he can cut my hair
with those scissors that fluttered like a bird
over my father's head.
Then I would know the significance
of the lugubrious song the scissors intoned,
I would understand, and it would be, as always,
too late.

His death was so unexpected that we didn't even have time to discuss what we were going to do with his files and manuscripts. By the way, it's curious how the book about migration on which he was laboring all these years, his work in progress, bore the beautiful title of Ithaca, which, as Cavafy pointed out, is the island we all seek without understanding that we have always carried it inside us. Dad's library is an Ithaca filled with files, papers, and books reaching the ceiling. It was always redolent of a mixture of old books with cigarette smoke.

It had that odor even when there was more space, from when the library was inside our house in Miramar, where Dad, seated on a metal chair and with a cigarette in his mouth, spent the nights typing away. At times I woke up at dawn and spied on him. As he had his back to me, he wouldn't see me, but I witnessed his back and his arms and the way he pounded the keys; it was as if the words poured from his fingers.

When we moved into the apartment, his library was smaller, and the shelves overflowing with books and files went to the utility room. His desk didn't fit inside the room, and he had to settle for a plastic chair and a tiny table his knees supported. Although at times to be able to write he had no choice but to use the dining room table. For more than 25 years, Dad sat on a plastic chair to read, write, and think about the migratory phenomenon. While peers from his graduating class taught at foreign universities or had turned into government officials, Dad, in a stoic manner, withstanding heat and the dust gathering in that room, thought and thought about migration, especially about Haitian and Dominican migration, while sweating, smoking cigarettes to their butts, underlining book pages, and taking notes.

I think about the thousands of cigarettes he smoked there, and the satisfaction each one gave him. Not only is the ceiling yellowed from cigarette smoke, but also some countertops one needs to clean with a wet cloth to remove a certain film.

If there's a spot where he rests it's in that library where he would sit to read, write, think, and smoke. I like imagining that his library is that island to where he traveled to contemplate the world from a distance. These days his library has changed into a different island, into Treasure Island. Every time I rummage through the boxes, files, papers, and documents, I unearth a new jewel. I read a passage from his books and I feel that he wrote it directly to me. All of his marks, underlined passages, and marginal notes, are there so we can strike up a dialogue. When I look at the archives he made about diverse subjects, such as evictions, Haitian day laborers, Dominican migrants, or journeys aboard a raft, I think that he did them in part for me to use them as material for the stories and novels that I have yet to write. There is a place in time where Dad and I communicate, a place where there is no past, present or future, where everything happens simultaneously. I'm not referring to eternity; rather, I'm speaking about the power the written word has to outlive us and strike up conversations through time; I mean that possibility I have to read things written by my father when he was younger than I, or things written shortly before his death. Of course, this communication is only possible when one believes in the magical powers of language, and that is what in essence my father showed me, the treasure he buried so that I would discover it.

2016

THE END OF THE WORLD
CAME TO MY NEIGHBORHOOD

1

Nostradamus me jodió la adolescencia.
O quizás fue culpa de Orson Welles
que narró aquel documental sobre
las profecías de Nostradamus
en el que aparecía fumando muy campante
en un despacho mientras anunciaba
desastre tras desastre.

El hombre que veía el mañana,
es la traducción literal del documental.
Lo vi por primera vez a los ocho
y al terminar yo calculaba que
para el dos mil
-que es cuando anunciaban
que se terminaría el mundo-
yo apenas tendría 22 años.

Claro, pasó el tiempo y me di cuenta
de que todo era una farsa
y que las predicciones no eran
más que propaganda
sobre todo esa de que el mundo
se acabaría en el dos mil
aunque debo reconocer que lo de Y2K
me hizo temblar y recuerdo que no
celebré el año nuevo hasta estar
seguro de que ninguna potencia
lanzaría sus misiles.

1

Nostradamus screwed up my adolescence.
Or perhaps it was the fault of Orson Welles,
and that documentary
where he listed the prophecies of Nostradamus;
that film where, cool and collected, he smoked
in his study while tallying one
disaster after another.

The Man Who Saw Tomorrow,
translated literally as *El hombre que veía el mañana.*
I first watched it when I was eight,
and upon finishing it, I calculated that
in the year 2000,
(when the world would end,
or so it claimed),
I would have barely turned 22 years old.

Of course, time passed, and I realized
it was all a buncha' drivel
that the predictions were just another
clause in the propaganda
about how the world
would end in the year two thousand,
although I should admit that the Y2K hubbub
made me tremble and I remember that I didn't
blast in the New Year until I could
say without a doubt that no Super-Power
would launch its missiles.

Y ningún país del Caribe
aparece en las predicciones de Nostradamus,
aunque en realidad yo nunca me he atrevido
a leer los libros o averiguar
más allá de lo que mostró
Orson Welles en el documental
que, por cierto,
pasaban en la televisión dominicana
todos los viernes santos.

Nostradamus no sólo me jodió a mí
sino también a mi generación.
Y la prueba está en la proliferación
de las bancas de apuestas.

El otro día en el noticiero
vi una caravana de vehículos
dirigiéndose a la loma del Chivo,
que según un pastor gordo
y carismático como Orson Welles
será el último bastión del planeta
cuando llegue el apocalipsis.

El reportaje duró varios minutos
como si hubiera una posibilidad
de que llegase el apocalipsis
y pudieran transmitirlo en vivo
pero yo no tuve más paciencia
y cambié el canal.

And not one country in the Caribbean
appeared in Nostradamus' predictions,
although to be frank I've never dared
read the books to probe
any tidbits more than what
Orson Welles revealed
on a documentary which, for certain,
aired each Good Friday
on Dominican television.

Nostradamus not only screwed me up
but my generation as well.
And the proof is in the amount
of Sports Betting.

The other day, on the news,
I watched a caravan of vehicles
en route to Chivo hill,
which, according to a pastor
as fat and charming as Orson Welles,
will be the planet's last bastion
when the Apocalypse erupts.

The report lasted a few minutes
as if it were possible for the Apocalypse
to erupt and be beamed on live TV,
but I ran out of patience
and changed the channel.

2

Mi abuelo creía que yo tenía el don
de dar los números de la lotería
y todos los fines de semana

me pedía que le diera un número
para jugar una quiniela, un palé
o una rifa. Yo cerraba los ojos

y esperaba a que Dios pusiera
una cifra en mi cabeza,
aunque a veces me adelantaba

y mencionaba el primer número
que me viniera a la mente,
a ver si podía ser más rápido

que Dios, pero nadie podía
ser más rápido que Dios,
y los domingos mi abuelo

me llevaba de la mano por
los multifamiliares de Honduras
y visitábamos a sus amigos

quienes, arrugados como pasas,
desdentados, lerdos, calvos,
recostados en camas

2

My grandfather believed I was blessed with the gift
of guessing the Lotto numbers
and each weekend

he asked for me to give him numbers
to use for bingo, a scratch-off,
or a raffle. I would close my eyes

and wait for God to place
a figure in my head,
although sometimes I rushed

and mentioned the first numbers
that popped into my mind,
to see if I could be quicker

than God, but nobody
can be quicker than God,
and on Sundays my grandfather

held my hand as we visited
the extended family from Honduras
or his friends who,

wrinkled like grapes,
toothless, shuffling, bald,
lying in the beds

de las que no se habían
levantado en años, aguardaban
ganarse la lotería.

Mi abuelo me presentaba
como el nieto de los números
y los viejos me atisbaban

fascinados y discutían de números
tal si fuesen matemáticos
y analizaban las frecuencias,

las medias y las probabilidades
de que un número saliera
en el concurso de la tarde.

No recuerdo si les llegué
a dar un número ganador,
que yo sepa nadie se ganó

el premio mayor de la lotería
con un número que di,
aunque por cómo hablaban

y por cómo me trataban,
supongo que algo se ganaron,
y me creía el mago de los números,

they hadn't risen from
for years, waited
to win the lottery.

Grandpa introduced me
as the grandson with the numbers
and the old folk would size me up,

entranced, and discuss the numbers
as if they were mathematics,
and analyze the frequencies,

averages and probabilities
that certain numbers would
bounce into the evening's game.

I can't recall if I succeeded
in giving them winning numbers;
as far as I knew no one won

the main prize in Lotto
with the numbers I suggested,
but the way they spoke to me,

the way they treated me,
I guess they must have won something,
and they believed I was the Wizard of Numbers,

un clarividente, algo así
como el José de la Biblia
que veía el futuro en sueños

o Daniel que podía hablar con Dios
aunque claro, en menor medida,
un pequeño poder, un podercito,

y de pie en esos hogares malolientes,
cerraba los ojos hasta que Dios
ponía un número en mi mente.

Mi abuelo creía que yo tenía
el don de dar los números
que iban a salir en la lotería

y yo le creía y los domingos
me sentaba frente al televisor
a ver la tómbola dar vueltas

y vueltas convencido de que solo
necesita esforzarme un poco
para adivinar el que saldría,

pero no hacía ningún esfuerzo,
ya que lo que me movía, lo que me
ponía la piel de gallina era

a clairvoyant, something like
Joseph straight from the Old Testament
who gazed at his future in dreams,

or Daniel who could speak with God.
I was so, but on a smaller scale,
a small force, a lil' force,

standing in those rancid households,
my eyes squeezed shut until God
placed some numbers in my mind.

My grandfather believed I was blessed
with the gift of giving the numbers
that would appear on the Lotto,

and I believed him and on Sundays
I would sit in front of the television
to see the numbers spin and

spin, and I was convinced
that I just needed to make the effort
to predict which ones would appear,

but I didn't make any effort,
as what moved me, what
gave me goosebumps was

era ese instante en que Dios ponía
cifras dentro de mi cabeza
y yo se las secreteaba a mi abuelo

tal si fuese uno de esos ángeles
de las pinturas renacentistas
que trae un mensaje de los cielos.

that instant when God placed
figures inside my head
and I would secrete them to grandpa

as if I were one of those angels
from Renaissance paintings
delivering a message from heaven.

3

¿Dónde se habrán ido los magos
que contrataban en los cumpleaños
de mi infancia y que solían vestir
con frac, sombrero y capa?

¿Quién habrá heredado sus barajas,
sus manuales, sus conejitos,
sus varitas mágicas?

Esas niñas que metían en un baúl,
que las cortaban con un serrucho por mitad
y que luego volvían a ensamblar,
esas niñas de las que todos
estábamos enamorados,
¿qué habrá pasado con ellas?
¿habrán engordado?
¿tendrán nietos?
¿seguirán creyendo en la magia?

Y los muñecos que los ventrílocuos
sentaban en sus rodillas,
¿quién los habrá heredado?
¿en qué armarios envejecen
ajados, atónitos, callados?

3

Where could they have gone, those magicians
hired for the birthday parties
of my youth, the ones dressed
in tailcoats, top hat and cape?

Who could have inherited their deck of cards,
their manuals, tiny bunnies,
and their magic wands?

Those girls they would place in a trunk,
cut in half with a saw before
reassembling them, those girls
who made us lovesick,
what could have happened to them?
Did they get dumpy?
Did they have grandchildren?
Could they still believe in magic?

And those dummies the ventriloquists
placed on their knees,
who could have inherited them?
In which closets are they growing
old, mildewed, and mute?

Recuerdo un mago que me pidió
que agarrara dos pelotitas de hule
y que las apretara en el momento
que entonara sus palabras mágicas.

El truco funcionó y mis manos
se llenaron de tantas pelotitas de hule
que hasta se me escurrían
de los dedos y caían en el suelo.

Por supuesto, es un truco barato
que conoce cualquier principiante.
Pero nunca lo he olvidado y aún hoy
cuando me deprimen los desastres,
las arrugas y los estragos del tiempo
aprieto las manos como si fuera posible
sentir las pelotitas de hule
que siguen ahí, que no han caído.

I remember the magician who told me
to grab two tiny rubber balls,
and for me to squeeze them the very moment
that I recited his spell.

The trick worked, and my hands
filled up with so many tiny rubber balls
that they slipped from my fingers
and fell all over the floor.

Of course, it's a cheap trick
as any beginner knows.
But I have never forgotten it, and even today,
when disasters, wrinkles, and ruins
depress me, I squeeze my hands as if it were
possible to feel the tiny rubber balls
still there, not yet fallen.

4

Qué tristes eran aquellos cajeros de banco
que venían todos los lunes en la noche
a jugar softball a mi barrio.
Solía verlos de pie en el campo
con sus guantes y sus gorras y ansiosos
de que todo acabara para irse sudados
y con sus uniformes sucios a beber al colmado.

A veces había público en las gradas
pero generalmente estaban vacías
y yo era el único que seguía el juego
sentado en la pizarra de anotaciones.

Me pagaban por colocar las hojas
con los números pintados de blanco
en la pizarra negra.
Cada vez que terminaba un inning
o hacían una carrera
yo cambiaba la que estaba
y colocaba una nueva.

En una ocasión hice trampa
y le puse dos carreras de más
al equipo que perdía.
Nadie se dio cuenta.
Los que ganaron celebraron.
Los que perdieron pagaron la cerveza.

4

How sad were those bank tellers
who came every Monday night
to play softball in my neighborhood.
Often, I would see them standing on the field
with their gloves and caps, all of them
anxious to finish and head off
to drink in their dirty uniforms at the corner store.

Sometimes there were people in the bleachers,
usually, they were abandoned
and I was the only one following the game,
seated next to the scoreboard.

They would pay me to hang the cards
with numbers painted in white
on a black board.
Each time an inning ended
or they made it to home plate
I would remove one,
and replace it with another.

I played a trick once
and I gave two extra points
to the team that was losing.
No one caught on.
The winners celebrated.
The losers paid for the brewskis.

Y sentado ahí en la pizarra de anotaciones
los miraba con sus guantes y sus gorras
y con el nombre de su banco reluciendo
en la espalda del uniforme
y me preguntaba si algunos de ellos
se había equivocado a propósito alguna vez
y le había devuelto dinero de más a un cliente
pero entonces acababa el inning y yo colocaba otra hoja
y dejaba de pensar idioteces.

And seated there by the scoreboard,
I watched them with their gloves and caps
and name of their bank glistening
on the shoulders of their uniforms
and I asked myself if one of them
had made a mistake once, on purpose,
returning some extra cash to a client
but by then the inning was ending, and I hung another card,
and stopped musing on such idiocies.

5

Todas las navidades recibíamos los regalos
que nos enviaban desde los Estados Unidos.

Barbies, carritos a control remoto, nintendos.
Libros, comics, casetes y videos.

Para vacaciones nos enviaban zapatos, ropa,
tenis de marca y guantes de pelota.

Hasta teníamos los cubrecamas de El hombre araña.
Desde la infancia nuestra vida estuvo subtitulada.

Todo era una preparación para cuando emigráramos.
Sentados en las marquesinas, esperábamos.

5

Each Christmas we received presents
they sent us from the United States.

Barbies, remote control cars, Nintendos,
books, Gameboys, cassettes, and video tapes.

For vacation, they sent shoes, clothing,
brand name sneakers and baseball gloves.

We even had Spider Man comforters.
Ever since childhood our life had subtitles.

Everything was a prepping for when we would immigrate.
Seated in driveways, we waited.

6

La primera vez fue cuando mi papá
vino de Nueva York con la maleta llena de Milky Ways
y yo probé uno y me sentí
como en esa escena de *Charlie y la fábrica de chocolates*
en que el protagonista se esconde para ver si su chocolate está premiado
aunque yo me escondía más bien para que mi mamá
no me quitara los chocolates
y les llevé a Pascual y al Seba quienes se engancharon tanto
al punto que cada vez que me veían acercarme
con los bolsillos llenos de Milky Way
babeaban como el perro de Pavlov
y después que probé los Milky Way
los Rocky Kid llenos de almendra no me sabían a nada
los Crachi los Más Más los Chocolates Embajador
todos habían perdido su magia
y recuerdo que cuando en la clase de religión
el cura hablaba del éxodo de los judíos por el desierto
y del maná que Dios lanzaba desde el cielo
para que se alimentaran y no se murieran de hambre
antes de llegar a la tierra prometida
yo imaginaba que el maná eran pedacitos de Milky Way
que caían sobre la arena y sobre las piedras
y la analogía cobró más fuerza
cuando supe que Milky Way significaba Vía Láctea
así que piensen en esos publicistas buscándole nombre
a ese producto e imaginando que no hay nada más sublime
que comerse una estrella

6

The first time was when Dad
returned from New York with a suitcase full of Milky Ways
and I bit into one and felt
like I was in that scene of *Charlie and the Chocolate Factory*
in which the protagonist hides to see if his chocolate wins the prize,
although I hid it even better so that my mother
wouldn't swipe my chocolates
and I took them to Pascual and Seba who become so hooked
that every time they saw me approaching
with pockets full of Milky Way
they drooled like Pavlov's dog,
and after I tried the Milky Way,
brands like Rocky Kid full of almonds didn't taste like anything to me,
even Crachi or Más Más or Embajador bars
all of them lost their magic,
and I remember how during religion class,
the priest spoke of the Jewish desert exodus,
and of the manna God tossed them from heaven
so they could eat and not die of hunger
before reaching the promised land,
and I imagined that the manna were small chunks of Milky Way
that fell on the sand and on the stones
and the analogy gathered more strength
when I found out what Milky Way meant in Spanish,
so just think about those advertising execs looking for a name
for that product and imagining there's nothing more sublime
than gobbling up a star,

y bueno ya han pasado dos décadas
tenía años que no probaba un Milky Way
la verdad hoy en día prefiero los Snickers
Pascual y el Seba se fueron al norte
no sé bien en que ciudad vive Pascual
pero sé que el Seba vive en Nueva York
específicamente en el Bronx
la semana pasada nos vimos y paseamos por Manhattan
en un momento Seba entró a un Seven Eleven
para usar el baño y yo compré un Milky Way
y le pregunté al Seba
si le apetecía recordar los viejos tiempos
pero el Seba me dijo que ya no comía dulces
que era propenso a la diabetes
así que yo me comí el Milky Way solo
andando con el Seba por las calles de Manhattan
mirando de vez en cuando hacia arriba
donde había tanta niebla y tantas luces
que no se alcanzaban a ver las estrellas
y mucho menos la vía láctea

and, well, two decades have passed,
I've gone years without trying a Milky Way,
and truth is nowadays I prefer Snickers,
Pascual and Seba moved to the North,
I don't know in which city Pascual lives,
but I do know Seba lives in New York,
specifically in the Bronx,
and we saw one another last week and roamed Manhattan,
when Seba entered a 7-11
to use the bathroom, I bought a Milky Way,
and I asked Seba
if he hungered to remember those old days,
but Seba told me he no longer ate candy,
he had a propensity for Diabetes,
and I ate the Milky Way by myself,
walking with Seba down those Manhattan streets,
looking up from time to time
where there was so much fog and lights
it proved impossible to see the stars
and much less the Milky Way

7

Conservo en uno de los álbumes
la foto de nuestro primer gato
donde se le ve en una pose simpática
con las dos patitas delanteras cruzadas.

En medio de tantas fotos de tíos,
de primos, de abuelos y de vecinos
el gato parece otro más de la familia.

Y lo fue hasta que mami se embarazó
y el doctor le advirtió que se deshiciera del gato
para que no le contagie la toxoplasmosis.

En la foto el gato nos mira desde 1984.
No hay reproche ni nada parecido, más bien
es una mirada impoluta, la mirada de un primo.

7

In one of our photo albums
I kept the snapshot of our first cat;
he's captured in a pleasant pose,
crossing his front paws.

Amid so many photos of uncles,
cousins, grandparents, and neighbors,
the cat seems like part of the family.

And it wasn't until Mom got pregnant
and the doctor advised her to put the cat up for adoption,
and avoid the risk of toxoplasmosis.

In the photo the cat gazes at us from 1984,
without reproaching us, nothing like that, rather
it is a pure gaze, the gaze of a cousin.

8

El huracán David
fue como un luchador enmascarado
que se subió en el ring con una silla
para golpearnos por la espalda.

Años después Emily
nos lanzaría sal en los ojos.
Como predijo la Sibila,
Federico nos dio el abrazo del oso.

Le siguió Gilbert
a quien logramos esquivar
cuando con toda su mala fe
se lanzó desde la tercera cuerda
y cayó con todo su peso
sobre Jamaica.

Luego Hortense nos hizo palanca
al brazo, nos lanzó
contra las cuerdas y nos recibió
con tremenda patada voladora.

Jamás olvidaré al huracán George
que nos aplicó una llave maestra
y apretó y apretó hasta dejarnos
inconscientes en medio del ring.

8

Hurricane David
was like a masked wrestler
who leapt into the ring with a chair,
to smack us in the back.

Years later, Emily
would throw salt in our eyes.
As Sibila predicted,
Federico gave us a bear hug.

He was followed by Gilbert
whom we managed to dodge
when by his nefarious nature
he leapt from the third rope
and fell with all his weight
atop Jamaica.

Then Hortense leveraged us
by the arm, threw us
against the ropes, and greeted us
with a tremendous flying kick.

I'll never forget Hurricane George
who asphyxiated us in a chokehold,
squeezing and squeezing until he left us
unconscious in the middle of the ring.

Los historiadores cuentan que San Zenón
nos pegó tanto
que cuando se nos
tiró encima
el réferi contó hasta mil
y nosotros por más que quisimos
no pudimos levantarnos.

Historians say that St. Zeno
pummeled us so much
that when he piledrove us
the referee counted to a thousand,
and as much as we strained
we couldn't get up.

9

Cuando en la televisión anunciaban un huracán
los vecinos amarraban los árboles para que no cayeran
sobre sus carros o sobre sus propiedades.
A la mata de guayaba nadie la amarraba.

Soportaba huracán tras huracán con la paciencia
de un monje tibetano. Una vez luchó,
sacudiendo sus ramas como las alas de un pájaro,
contra uno que casi la vence.

A la mañana siguiente salimos y el barrio
estaba destruido como si nos hubiesen bombardeado,
pero en medio de los árboles destrozados,
los postes de luz derrumbados y las casas hechas puré,
estaba la mata de guayaba, erguida como Juana de Arco
ante un campo de cadáveres.

En los noventa se encorvaría
al igual que la Torre de Pisa.
Para el milenio se vendría abajo.

Dulce mata, que sólo vuelves a existir
cuando el olor de la guayaba
me trae tus recuerdos, fuiste mi maestra.
Claro, entonces no lo sabía,
me tomó unos años darme cuenta,

9

When the television announced a hurricane
the neighbors tied their trees so they wouldn't
smash their cars or homes.
Nobody tied the guava tree.

It endured hurricane after hurricane with the patience
of a Tibetan monk. It once fought,
shaking its branches like the wings of a bird
against one that almost subdued it.

Next morning, we stepped outside and the neighborhood
looked as it if had been firebombed,
but among the shattered trees,
collapsed light poles and flattened houses,
there was the guava tree, standing tall like Joan of Arc
before a field of corpses.

In the nineties it would slouch
just like the Tower of Pisa.
By the turn of the millennium, it toppled.

Sweet tree, you only come back into existence
when the fragrance of guava
wafts me memories; you were my teacher.
Sure, I didn't know this then,
it took me a few years to realize,

pero hacia ti he vuelto hoy, en dirección
a tu follaje, trepando por tu tronco,
sujetando tus ramas, como un recién nacido
que poco a poco retorna hacia el útero.

but I have returned to you today, in the direction of
your foliage, climbing your trunk,
holding your branches, like a newborn
gradually returning to the uterus.

10

Los evangélicos te quieren quitar a tu novia.
No me lo estoy inventando.
Los he visto mirar a tu novia en las plazas,
en los supermercados,
en los parques desde donde gritan con megáfonos.
En las aceras de las calles.
Los he visto entregarle papelitos
y volantes donde anuncian el fin del mundo.
Con un ojo miran la Biblia y con el otro su culo.
No te dejes engañar.
Préstales atención a todos esos papelitos que pasan.
Cada vez que le pasan uno a tu novia
es como si le dijeran un piropo.

10

The evangelicals want to swipe your girlfriend away.
I'm not making this up.
I've seen them look at your girlfriend in town squares,
in supermarkets,
in parks where they shout with megaphones.
On the sidewalks.
I've seen them hand her pamphlets
and flyers announcing the end of the world.
With one eye they look at the Bible and with the other at her ass.
Don't let them fool ya'.
Pay attention to all those little pieces of paper that pass by.
Every time they slip one to your girlfriend
it's like they uttered a pick-up line.

11

Nuestro profesor de geometría
tenía unos zapatos
como los de Aladino.

El resto del curso se acostumbró
al poco tiempo a sus excéntricos pies.
Pero yo no me los podía
sacar de la cabeza.
Me soñaba con ellos.
En las clases seguía
con la vista los zapatos
imaginando que el profesor alzaba
los dedos de los pies adrede
y que quizás de un momento a otro
volverían a su posición normal
y yo descubriría el truco.
A pesar de que siempre lo vigilaba
los zapatos continuaban puntiagudos.

Con el tiempo se supo que el profesor
bailaba tanta salsa
que los pies se le habían deformado.

A diferencia del aula
en la pista todo el mundo lo respetaba,
porque al dar sus pasos de salsa
parecía no tocar el piso.
Era como Jesús caminando sobre las aguas.

11

Our geometry teacher
had shoes just like
the ones Aladdin wore.

The other students soon got used
to his eccentric feet.
But I couldn't
get them out of my head.
I dreamed about them.
In class I gazed
at the spectacle of his shoes,
and imagined that the teacher arched
his toes intentionally,
and that perhaps in the blink of an eye
they would curl to a normal position,
and I would figure out the trick.
Even though I always kept an eye on him
the shoes remained pointed.

Over time it became known
endless *salsa* dancing had
deformed our teacher's feet.

Unlike in the classroom
on the dance floor everyone respected him,
because upon taking his *salsa* steps
he seemed to float across the floor.
He was like Jesus, walking on water.

12

Entonces bebíamos mucho y lanzábamos
las botellas de alcohol por las ventanas
para que estallaran en las calles.

Si nos perdíamos en la noche podíamos
encontrar el camino de vuelta
gracias a los vidrios que dejábamos a nuestro paso.

Me viene a la mente una que lancé
y que no se rompió.
Íbamos a cien kilómetros por hora.
Lo recuerdo como si ocurriese ahora:
la botella cayó al pavimento
y rebotó como una pelota.

12

Well. We drank a lot and chucked
the bottles of booze out the car windows
and they would explode on the asphalt.

If we got lost by night, we were able
to find our way back
thanks to the trail of shards.

What comes to mind is the bottle
I chucked, but which didn't shatter.
We were speeding along.
I remember like it happened yesterday:
the bottle fell to the pavement
and bounced like a ball.

13

El poeta sonrió y prometió
que publicaría mi poema
en el suplemento literario.
Un poema que he olvidado,
que debió ser barroco, desmedido
y caótico como la poesía que escriben
los jóvenes que quieren impresionar
al mundo o a ellos mismos.

Estábamos sentados en el balcón
de su apartamento de la calle Pasteur.
Yo tenía dieciocho años.
Él debía tener sesenta largos.

Conversar a su lado era
como estar frente a una lavadora:
todas esas palabras
que yo maltrataba y ensuciaba
él me las devolvía
limpias e inmaculadas.

Antes de leer un inédito
comentó que yo sería
el primer poeta que lo escucharía,
confidencia que me sigue emocionando,
es decir, que él considerase que yo era un poeta,

13

The poet smiled, promising me
he would publish my poem
in the book-review section.
It's a poem I have forgotten...
must have been Baroque, cumbersome
and chaotic, those poems
the young write when they wish to impress
the world or themselves.

We were seated on the balcony
of his apartment on Pasteur Street.
I was eighteen years old,
he was pushing seventy.

Speaking next to him
was like being before a washing machine;
all those words
that I abused and soiled,
he would return them to me,
clean, immaculate.

Before reading me an unpublished poem
he commented that I would be
the first poet to hear it,
a confidence that continues to excite me,
for he regarded me as a poet,

yo que no sabía ni lo que significaba
otredad, que le temía a las palabras,
que ni siquiera me había cambiado
el calzoncillo en toda la semana.

El poeta sonrió y prometió
que publicaría mi poema
en el suplemento literario.
Pero cada vez que lo compraba
y pasaba las páginas advertía
que mi poema no estaba
y estoy seguro de que si el suplemento
literario no lo hubieran cancelado
yo seguiría comprándolo y buscándolo.

Todo esto sucedió hace veinte años.
¿Qué habrá pasado con ese poema?
¿El poeta lo habrá perdido?
¿O se le habrá traspapelado?

A veces fantaseo con que un día aparecerá
entre sus archivos y que algún académico
lo leerá y lo mezclará con otros textos
y los publicará como la obra inédita
de mi querido y admirado poeta
y yo leeré mi poema sin idea
de que se trata de aquel extraviado
y no me reconoceré en esas palabras.

me, who didn't even know what
otherness meant, who feared words,
who hadn't changed
his underpants for a week.

The poet smiled, promising me
he would publish my poem
in the book-review section.
But each time I bought the newspaper,
I flipped through the pages
only to find my poem wasn't there,
and I'm certain that if they hadn't
cancelled the book-review section,
I would keep buying it and looking.

All of this happened twenty years ago.
What could have happened to that poem?
Could the poet have misplaced it?
Or could he have tossed it by error into the round bin?

Sometimes I daydream that one day it will appear
somewhere in his archives and some scholar
will read it and mix it with other texts
and he'll publish it as part of the Complete Works
of my dear and admired poet,
and I will read it, not realizing
it's that stray poem,
and I won't recognize myself in those words.

14

La ola toca una
a una las piedras como
si las contara.

14

The wave touches each
stone, one by one, as if
counting them.

15

Yo vi sonreír al profesor de Tae kwon do
en una cafetería del otro lado de la ciudad.

En vez de su kimono y su cinturón negro
segundo dan tenía puesto un delantal.

Y con esas manos con que había
pulverizado ladrillos y roto costillas

le ponía tomates, cebollas y pepinillos
a los sándwiches y a los derretidos.

A aquel profesor de cara cuadrada
que recordaba a los duros policías

de las películas americanas, a ese
senséi que podía destrozar lo que se

le pusiera en frente (ladrillos, troncos,
cráneos), lo vi tomar un cuchillo y ponerle

con sutileza mantequilla o mayonesa
a los sándwiches de los clientes.

Y mientras en las clases de Tae kwon do
cerraba la cara como un puño, como

15

I saw the Tae Kwon Do instructor smile
in a coffee shop on the other side of town.

Instead of his kimono and second-
degree black belt, he wore an apron.

And with those hands which had
pulverized bricks and broken ribs,

he placed tomatoes, onions, and pickles
on sandwiches and patty melts.

That square-jawed instructor
reminiscent of tough cops

in American films, that
Sensei who could destroy what was

placed in front of him (bricks, logs,
skulls), I saw him take a knife and

calmly slather butter or mayonnaise
on customer sandwiches.

And while in Tae kwon do classes
he closed his face like a fist, like

una ventana, como el portón del infierno,
acá la extendía y respondía sonriendo

cada vez que los clientes le pedían
la cuenta o que les pasara el salero.

¿Cómo podía partirse en dos?
¿Cómo era posible que sonriera acá

todo el tiempo y allá mantenerse tan serio?
Yo vi al profesor de Tae kwon do sonreír

y luego untar mantequilla en un pan
y todavía no me lo creo.

a window, like the Gates of Hell,
here he opened it and responded smiling

every time customers asked him
for the check or to pass the salt.

How could he be split between two selves?
How was it possible that, here, he smiled

all the time and, there, he stayed so serious?
I saw the Tae kwon do teacher smile

and then spread butter on bread
and I still can't wrap my head around that.

16

Tu verdadero nombre es Santo Domingo
pero respondes cuando te llaman
Nueva York Chiquito y hasta
te empinas con tus edificios.
Tus brazos y tus piernas
son las avenidas y los puentes
que se extienden como ríos.
Pego el oído en la noche y oigo
tus rabietas de niño.
Me asomo al balcón y desde aquí parado
noto cuanto has crecido.
Algún día conocerás a Nueva York.
Nueva York es tu padre
del que todo el mundo habla
pero al que nunca has visto.
Nueva York te envía la manutención
porque quiere que crezcas grande y fuerte
como tu hermano San Juan de Puerto Rico.
Pero tú no entiendes esto y solo quieres
berrear, dormir y volver a berrear. A veces
el humo de las industrias y las fábricas
se te meten por las narices y los ojos
y te pones a toser y a gritar.
Cuanto quisiera arrullarte y dormirte
cantándote New York New York
a la manera de Frank Sinatra.

16

Your real name is Santo Domingo
but you answer when they call you
Nueva York Chiquito, and you
even stand tiptoe beside your buildings.
Your arms and legs
form the avenues and bridges
that extend like rivers.
I stick my ear against the night and hear
your tantrums of a brat.
I look from the balcony and, standing,
I notice how much you have grown.
Someday you will meet New York.
New York is your father
everyone talks about
but the one you've never seen.
New York sent you child support
because he wants you to grow tall and strong
like your brother San Juan de Puerto Rico.
But you don't understand a thing, and you only want
to wail, sleep, and continue wailing. At times
the smoke from industries and factories
gets in your nostrils and eyes
and you start coughing and shouting.
I would love to lull you to sleep
while singing *New York New York*
just like Frank Sinatra.

Pero no soy ese Frank y apenas tengo
estas palabras para apaciguarte.
Por lo que sigue llorando,
ponte de pie y sacude estos barrotes.
Ninguno de los dos puede evitarlo:
Yo tus gritos y tú esos barrotes
que forma el mar y que te impiden escapar.

But I'm not that Frank, and I barely
have these words to soothe you.
So you keep crying, you
stand up and shake these bars.
Neither of us can avoid them:
I, your screams, and you, those bars
that form the sea and prevent you from escaping.

17

El año termina y los tenis de los muchachos muertos
en intercambios de disparos
continúan colgados de los cables eléctricos.

Frente al McDonald's de la Sarasota los niños
les venden el alma al diablo
a cambio de un Big Mac con papitas fritas y coca cola.

Nubes, garzas y craqueros emigran a otro ensanche.
Motoristas con gorros de Santa Claus arrebatan
celulares, carteras y collares.

Y mientras el sol parece acariciar las fachadas
con la misma delicadeza con que una peluquera
le aplica el tinte a sus clientes

la brisa cruza entre los cordeles de las azoteas
manoseando los vestidos que las vecinas
se pondrán para las fiestas.

A la medianoche los chinos llevan al malecón
sus linternas de papel y las sueltan para
que se alcen como luciérnagas sobre el mar.

Allá permanecen suspendidas un buen rato
hasta que nos cansamos de contemplarlas
y caen sobre las aguas y se apagan.

17

The year ends and the tennis shoes of boys killed
by exchanges of gunfire
continue to hang from the telephone cables.

In front of the McDonald's in Sarasota, children
sell their soul to the devil
in exchange for a Big Mac with French fries and a Coke.

Clouds, herons and crack addicts migrate to other neighborhoods.
Bikers wearing Santa Claus hats snatch
cell phones, wallets and necklaces.

And while the sun seems to caress the facades
with the same delicacy as a hairdresser
when he applies dye to his clients' hair,

the breeze crosses between the clothing lines,
fingering the dresses that neighbors
will wear for the holidays.

At midnight the Chinese take their paper lanterns
to the boardwalk, then release them so that
they may rise like fireflies over the sea.

They remain, there, suspended for a good while
until we get tired of looking at them
and they splash against the waters and are extinguished.

18

Han pasado casi diez años
y los que se hicieron tatuajes entonces
hoy se arrodillan en las iglesias
a pedirle a Jesús que se los borre.

En las esquinas los que anuncian
el fin del mundo se quedan bobos
al ver al loco que traza círculos
en el barrio como si fuera un filósofo.

¿Estará explicándonos la teoría
del eterno retorno con sus recorridos?
¿No les recuerda al Oscuro de Éfeso
con su ropa rasgada y sus ojos perdidos?

La astróloga explica que las pesadillas
son trailers de las cosas que vendrán.
Golpean a tu puerta y al abrir está la stripper
que ahora es Testigo de Jehová.

Acá todo ha perdido su magia.
Aquellos resplandores
que en las noches pensabas
que eran ovnis, resultaron ser drones.

18

Almost ten years have passed
since those who got tattoos
now kneel in churches
begging Jesus to erase them.

On the street corners those who announce
the end of the world become dumbfounded
upon seeing the nutcase who circles
about the neighborhood as if he were a philosopher.

Could he be explaining to us the theory
of Eternal Return as he makes his rounds?
Doesn't he remind you of the Dark One of Ephesus?
with his torn clothes and lost eyes?

The astrologer explains that nightmares
are the trailers of What's Next.
They knock on your door and when you open it,
the stripper is now a Jehovah's Witness.

Here, everything has lost its magic.
Those colors flashing
during the night, which you took for UFO's,
ended up being drones.

19

Afuera no para de llover
y nuestro negro y escuálido Santa Claus
empuja un carrito de supermercado
por toda la Independencia.

Deja atrás repuestos,
liquor stores,
bancas de apuestas,
iglesias evangélicas.

Hasta el final de la Independencia
como si no supiera
que ya casi estamos en marzo.

19

Outside it doesn't stop pouring
and our black and scrawny Santa Claus
pushes a shopping cart
down Independence Avenue.

He leaves behind auto parts stores,
liquor marts,
betting centers,
evangelical churches.

Until reaching the end of Independence
as if he didn't know
that it's almost March.

20

Este año valió la pena
ver los flamboyanes florecer.
El maestro Cestero pudo haber
atrapado esa belleza en sus pinturas.
Pero Cestero cada vez
está más ciego y asegura
que si pinta esos flamboyanes
que engalanan el vecindario
los que realmente pintará
son unos de 1976
que tanto le agradaron.

20

This year the red acacias
blossomed more beautiful than ever.
Maestro Cestero could have
trapped that beauty in his paintings.
But Cestero gets blinder day
by day, and assures us
that if he paints those red acacias
that liven the neighborhood
the ones he would truly paint
date from 1976,
the ones he truly loved.

21

En la primera oración de "El Aleph," Borges cuenta
que al poco tiempo de Beatriz Viterbo morir

renovaron un anuncio y que "ese cambio era
el primero de una serie infinita" y yo estos días

he tratado de pensar cuáles cosas han cambiado
desde que no estás, intento hacer una lista,

recorro las calles, miro las fachadas, los colmados.
¿Qué te digo? Todo ha sido remodelado, alterado,

en el malecón han puesto juegos y nuevos bancos,
ha regresado el sargazo, en Navidad colocaron

unos bombillitos sobre la calle El Conde
y estamos en marzo y aún no los han quitado.

Las cosas siguen su curso, el tiempo fluye
como un río que nos arrastra hacia no sé dónde.

Eso suena a Borges y sé que te aburren
las citas, a ti que te gustaban las cosas sencillas,

que te molestabas si en las tiendas de la Mella
o del Conde cambiaban un maniquí de las vitrinas.

21

In the opening sentence of "El Aleph," Borges narrates
how that shortly after Beatriz Viterbo died

they changed a billboard, and how "that change was
the first of an infinite series," and these days

I've tried to think about what things have changed
since your death; I try to make a list,

I pace the streets, look at the storefronts, markets.
What can I tell you? Everything's been remodeled, altered;

on the boardwalk they have built rides and new benches,
sargassum has returned, on Christmas they hung

some lightbulbs above El Conde street,
and now it's March and they have yet to remove them.

Things follow their course, time flows
like a river dragging us who knows where.

That sounds like Borges, and I know quotations
bore you, that you liked simple things,

that it bothered you if the stores on Mella
or El Conde changed a mannequin in the show window.

¿Con qué se habrá de llenar el vacío que dejaste?
La última vez que nos vimos me invitaste

a que fuera a conocer tu nueva casa y yo no pude
porque tenía que empacar para irme de viaje.

Aún no sé bien a dónde está la casa y no tengo
idea de si la alquilaron o si está desocupada.

A veces salgo y me propongo encontrarla:
subo por la esquina de Los Bomberos

y atravieso la calle hasta llegar a la México,
preguntándome cuál de todas es la tuya.

El recorrido es de unos metros y prefiero
hacerlo en la oscuridad o bajo la lluvia

de modo que no pase nadie y no tenga
que fingir que se me metió algo en los ojos.

What can fill the void you left behind?
The last time we saw one another, you invited me

to see what would have been your new home, but
I couldn't as I had to pack for a trip.

I still don't know where the house is, and I have
no idea if they rented it, or if it stands empty.

At times, I go out and tell myself to find it:
I go up to the corner of the fire station,

and take the street until reaching Mexico Avenue,
asking myself which one is yours?

The route is a few meters, and I prefer
to cover it in the dark or beneath the rain

so that no one passes by, so that I don't have
to pretend something got stuck in my eyes.

21

Estoy cumpliendo treinta y nueve años
en Ciudad de México pensando
en que fui un feto mexicano.

Cierro los ojos y me veo dentro
de la barriga de mi madre
dando pataditas para que esta vaya
por más huaraches, más tamales.

Fui mexicano incluso antes
de que mis padres me concibieran.
Mis padres que se nutrían de la comida
proveniente de esta suave patria,
de esta bendita tierra mexicana
y de su riquísima gastronomía,
gracias a la cual mis piernitas,
mis bracitos, mi cabecita,
y hasta mi cerebrito se fueron
formando y desarrollando.

Mi madre no ha vuelto a México
pero yo he regresado a celebrar
mis treinta y nueve años,
edad que para ser honesto,
nunca pensé que alcanzaría.

21

I'm turning 39 years old
in Mexico City, thinking
about if I had been a Mexican fetus.

I close my eyes and I gaze inside
my mother's round belly,
where I'm kicking so she can fetch
more *huaraches* and *tamales*.

I was Mexican even before
my parents conceived me.
My parents indeed nourished themselves
with the food pertaining to that *suave patria*,
to that blessed Mexican homeland
and its delicious gastronomy,
thanks to which my lil' thighs,
my lil' arms, my lil' head,
and even my brain were
forming and developing.

My mother has not returned to Mexico,
but I have, to celebrate
my 39th year, which
to be honest, is an age
I thought I would never reach.

Bueno, tampoco me voy a poner
a azarar y a tentar a la suerte
que Dylan Thomas falleció al poco tiempo
de cumplir sus treinta y nueve
por estar parrandeando en el extranjero
lejos de su mujer y su familia
y yo ando también lejos de ellos
al punto que a veces me pongo
tan sensible que el mezcal me saca lágrimas
y la musiquita de los organilleros
del Centro Histórico me tritura el alma,
ese chirrido que de seguro
mis oídos encontrarían divino
si hubiese nacido acá
y fuera ese Frank chilango
acostumbrado a estos murales,
a esta gente, a este smog, a estos edificios,
y probablemente habría escrito
algo tan diferente a lo que he escrito
y el Frank dominicano odiaría
a ese poeta chilango en que me habría convertido
y le arrancaría su máscara mexicana
para encontrar debajo una máscara dominicana.

Ahora es de noche y de pie en el último piso
de la Torre Latinoamericana
imagino que las palpitantes luces
de Ciudad de México están prendidas por mí
y que yo de un soplido puedo apagarlas todas
como si fuesen velitas sobre un pastel de cumpleaños

Well, I am not going
to take a risk and tempt fate,
given that Dylan Thomas died
shortly after turning 39
from roistering abroad
far from his wife and family
and I, too, sometimes roam far from my own,
to the point that I turn
so sensitive that mezcal makes me cry,
and the jingles from the organ grinders
in the Historic Center crush my soul,
that chirping which my ears
would certainly find divine
if I had been born here
and if I were that *Chilango* Frank,
accustomed to these murals,
these crowds, this smog, these buildings
and I probably would have written
something quite different from what I have written,
and Dominican Frank would hate
that *Chilango* poet I have turned into,
and he would rip off his Mexican mask
to find a Dominican mask beneath.

Now it's night, and standing on the last floor
of the Torre Latinoamericana
I imagine that the lights
of Mexico City sparkle just for me,
and that with one breath I can
blow them out like candles on a birthday cake.

23

El presidente dice que todo estará mejor
y eso significa lo contrario.

En Medio Oriente bombardean
un estadio de fútbol y dos poblados.

En Occidente hombres y mujeres
deslizan sus dedos
sobre diminutas pantallas
en busca de un alma o un cuerpo,
un producto, un artículo, un bono,
un descuento, un especial.

Recorremos el internet
y los pasillos de los malls
esperando una señal.

Los meteorólogos anuncian huracanes.
Los volcanes se activan.
Un tsunami vendrá y borrará nuestras islas.

Lanzan una nave al espacio en busca
de nuevas tierras donde invertir,
levantar fábricas,
basureros parqueos, producir.

23

The president said that everything will improve,
and that means the opposite.

In the Middle East they bombed
a soccer stadium and two villages,

In the West, men and women
slide their fingers
across tiny screens
in search of a soul or a body,
a product, an article, a bonus,
a discount, a special offer.

We travel the internet
and shopping center aisles
hoping for a sign.

The meteorologists announce hurricanes.
Volcanos erupt.
A tsunami will come and erase our islands.

They launch a spaceship in search
of new worlds to invest in,
build factories,
garbage dumps, parking lots, produce.

Anuncian el antídoto de la muerte.
Alguien subasta su virginidad por ebay.
Celebran la boda real.
Disparan a un diputado mientras se toma un selfie.

Nostradamus predijo que hoy
veríamos el rostro de Dios
en la pantalla de Times Square
pero ya acaba otro día en la tierra
y no lo hemos vuelto a ver.

They announce an antidote to death.
Someone auctions off her virginity on eBay.
They celebrate the royal wedding.
They shoot an official while he takes a selfie.

Nostradamus predicted that today
we would see the face of God
on the Times Square Jumbotron,
but another day on Earth comes to an end,
and we haven't seen him yet.

24

Mi mamá no me bailó
cuando era chiquito
y cuando se acordó
ya yo tenía bigotes.

Los poemas entonces
me dictaron el ritmo
Y hallé mi voz
entre las otras voces.

Las jevitas en la disco
esperan que las saque.
Los pistoleros me disparan
a los pies para que baile.

Llorando como Wilfrido
borracho en Safari Disco.
Yo espero tranquilo
que venga por mí el ritmo.

Mi mamá me dio amor
pero no me dio la salsa
y cuando se acordó
había llegado el reggaetón.

24

Mom didn't teach me how to dance
when I was a boy
and when she remembered
I had grown whiskers.

Poems, thus,
taught me rhythm,
and I found my voice
among other voices.

Chicks at the discotheque
wait for me to ask them to dance.
Bandits shoot at my feet
trying to get me to dance.

Weeping like Wilfrido
drunk at Safari Disco,
I calmly wait
to catch the beat.

Mom gave me love,
but she didn't give me *salsa*,
and when she remembered
reggaeton had made a splash.

Apagaron el faro a Colón
y todo fue más claro.
Yo buscaba mi voz
en el barro y los astros.

Las jevitas en la disco
perrean como ángeles.
Se aproxima el exorcista
y me pide que me calme.

Jangueando en expresos chinos.
Borracho en la Lincoln.
Confío en que mis pasos
harán temblar el piso.

Cuando Santo Domingo se volvió
Nueva York Chiquito
les estaba vendiendo
espejitos a los indios.

Mis vecinos se fueron
uno a uno del barrio.
Los haitianos construyeron.
Los Vicini facturaron.

Secaron el mar y lo pavimentaron.
Les pregunté por la luna
pero ya la habían comprado.

They turned off the Columbus Light House,
and everything becomes clearer.
I looked for my voice
buried in the mud and in the stars.

Chicks at the disco
grind their hips like angels.
The Exorcist approaches me
and tells me to calm down.

Hanging out at Chinese fast-food joints.
Drunk on Lincoln.
I trust that my moves
will make the dancefloor tremble.

When Santo Domingo turned into
Nueva York Chiquito
I was selling
little mirrors to the Natives.

One by one, neighbors packed up
and left the barrio.
Haitians working as day laborers.
The Vicini Family handing out invoices.

They dried up the sea and paved it.
I inquired about the moon,
but it had already been bought.

Cuando agarraron al Nuncio
detrás de Montesinos
yo estaba sentado
jugando en un casino.

Los niños decían
que era el anticristo
al verlo bailando
el baile de San Vito.

Mi mamá me advirtió
que había estado bailando
salsa con la muerte.
Yo ni cuenta me había dado.
Creo que hasta le agarré el culo.

When they caught the Nuncio
red-handed with some boys on the beach
at Montesinos, I was seated
at the casino, betting.

Children sang
that he was the Antichrist
upon seeing him do the steps
of the Saint Vitus jig.

Mom warned me
I had been dancing *salsa*
with Death herself.
I didn't realize a thing.
I think I even grabbed Death's ass.

En el 2050 voy a tener 72 años.

Mi sobrino tendrá más o menos

la edad que tengo ahora

y yo tendré 72 años.

No me imagino con 72 años

y ya que estamos en eso

tampoco me imagino

cómo será el mundo.

Espero que sea menos duro.

Pero será lo que será.

Yo espero estar vivo.

Porque no quiero morir

antes del 2050.

O en el 2050.

Quiero morir en el 2070.

Aunque eso ya es demasiado.

¿Qué tal el 2065?

O mejor aún, el 2068.

Para entonces tendría noventa años.

No alcanzo a verme con noventa años.

Con cincuenta o con sesenta puedo verme,

quizá con más arrugas y con más canas,

aunque eso sí, con los mismos dientes.

Si tan solo pudiera pausar la vida

o al menos ralentizar la vida.

Pero lo único que detiene

el tiempo es la poesía,

25

In 2050 I will be 72 years old.
My nephew will be more or less
the same age as I am now,
and I will be 72 years old.
I can't imagine being 72 years old
and while we're at it,
I can't imagine
what the world will be like.
I hope it's less harsh.
But it will be what it will be.
I hope to be breathing.
Because I don't want to die
before 2050.
Or in 2050.
I want to die in 2070.
Although that's already asking for a lot.
How about 2065?
Or better yet, 2068.
By then I would be 90 years old.
I can't see myself when I'm 90.
I can see myself at 50 or 60,
perhaps with more wrinkles, more gray hair,
but—definitely—with the same teeth.
If only I could pause life
or at least decelerate life.
But the only thing that stops
time is poetry,

lo único que congela el tiempo

son las bajas temperaturas de la poesía

y habitaremos los versos

como dentro de un útero

y nunca naceremos

y nunca envejeceremos.

Esta noche mis palabras

vienen del pleistoceno

y entran y salen

de los pulmones de mis lectores.

Buenas noches, lectora.

Buenas noches, lector.

Mañana me miraré en el espejo

y tal vez el tiempo ponga

otra cana en mi barba,

la admiraré un rato,

luego buscaré una tijera

y la cortaré.

the only thing that freezes time
are the low temperatures of poetry
and we will inhabit the verses
as inside a uterus,
and we will never be born
and we will never grow old.
Tonight, my words
come from the Pleistocene Epoch,
and they enter and exit
the lungs of my readers.
Good evening, Mr. Reader.
Good evening, Miss Reader.
Tomorrow I'll look in the mirror
and maybe time will sprout
another gray hair from my beard,
I will admire it for a while,
then I'll look for scissors
and I'll cut it.

26

Aguardaron a que se vaciaran las casas
para luego recogerlas y meterlas en sus maletas.
Descolgaron las nubes, la luna, las estrellas,
el tendido eléctrico con sus palomas,
los tinacos, los pájaros y las antenas.
Envolvieron el paisaje tropical
como si fuese un lienzo y lo empacaron todo
como si se tratase de un circo que se mueve a otra ciudad
esperanzados en volver a inflarlo,
levantarlo y clavarlo a martillazos
en algún descampado
de Nueva York o Barcelona.

26

They waited for the houses to be emptied,
to pick them up and pack them in their suitcases.
They took down the clouds, the moon, the stars,
the power lines with their pigeons,
the roof-cisterns, the birds, and the antennae.
They rolled up the tropical landscape
as if it were a tarpaulin, and they packed everything together
as if it were a circus on its way to another city
hoping to re-inflate it,
raise and hammer it together
in some clearing
around New York or Barcelona.

27

Esta noche soy Caronte
atravesando estos barrios
como si condujera los muertos
de este lado al otro lado.

La mitad está en el cementerio
y la otra en Nueva York.
Los restos de nuestros sueños
son chatarra en Metaldom.

Somos la ropa que alguien
abandonó en alguna parte,
el excedente, el residuo, el
suape que limpia la sangre.

Somos presos que chocan
sus cantinas contra los barrotes.
Las criaturas que dejó Dios
antes de irse de vacaciones.

Los mecánicos fuman crack
hasta ponerse tan high
como esos drones que los
ladrones tratan de tumbar.

27

Tonight, I'm like Caronte
crossing those neighborhoods
as if I were crossing the dead from
one bank of a river to the other.

Half is located in the cemetery,
and the other is in New York.
The remains of our dreams
are scrap metal from Metaldom.

We are the clothes someone
left behind somewhere,
the surplus, waste, the
mop wiping away the blood.

We are inmates who clang
their metal plates against the prison bars.
The creatures abandoned by God
before he took a vacation.

The Mechanics puff crack
and get as high
as those drones that
thieves try to knock down.

Tu memoria de la infancia
la sortearon en una rifa.
En un suntuoso casino
las parcas apuestan tu vida.

Y la que reparte las piezas
de pollo te conoce de otra vida.
Y la rubita escribe en el espejo
del baño bienvenido al sida.

Y el hombre del sombrero
que sale en tus pesadillas
explica que para salir de aquí
necesitas sacar visa.

Están los que se van
y los que nunca vuelven.
Están los que se van
y los que nunca vuelven.
Están los que se van
y los que nunca vuelven.
El último que salga que apague la luz.

Manejo en busca de señales,
respuestas, presagios, magia.
Vi a mi padre por estas calles
acompañado de las parcas.

Your memory of childhood
was raffled off.
In a sumptuous casino
the Grim Reapers plabets on your life.

And the one who distributes the pieces
of chicken knows you from another life.
And the blonde writes on the bathroom
mirror: Welcome to AIDS.

And the man with the hat
who resides in your nightmares
explains that if you want to leave
you need to get a visa.

There are those who leave
and those who never return.
There are those who leave
and those who never return.
There are those who leave
and those who never return.
Last one out, turn off the light.

Driving in search of signs,
answers, omens, magic.
I saw my father on these streets
accompanied by the Grim Reapers.

En los ochenta puse
un disco de Heavy Metal
al revés y no escuché nada.
Debiera volver a intentar.

Del pasado lo que queda
es un niño que no reconociste
Y que tiene tu misma voz
tu misma cara y no sabe que existes.

Están los que se van
y los que nunca vuelven.
Están los que se van
y los que nunca vuelven.
Están los que se van
y los que nunca vuelven.
El último que salga que apague la luz.

En este barrio, abandonen
toda esperanza al entrar,
péguense como anoche
que faltan más por montar.

Paso motoristas, patrullas,
las luces de neón de los moteles.
Los travestis sin sus pelucas
fuman en los contenes.

In the eighties I played
a Heavy Metal album backwards,
and I didn't hear anything.
I should try again.

What remains from the past
is a boy you can't recognize,
and who has your same voice,
your same face, and who doesn't know you exist.

There are those who leave
and those who never return.
There are those who leave
and those who never return.
There are those who leave
and those who never return.
Last one out, turn off the light.

In this neighborhood,
abandon all hope ye who enter,
stay alert like last night
for there are miles remaining.

I pass bikers, patrol cars,
the neon lights of motels.
Transvestites without wigs
smoke on corners.

Vengo y voy por Los Kilómetros
y sólo veo fantasmas
que me hacen señas
para que los lleve
de vuelta a casa.

I approach and pass Los Kilómetros
and I only see ghosts
who wave at me
asking that I take them
back home.

28

Llegó el fin del mundo a mi barrio
sin que a nadie le importara.
Mis padres tenían puesto CNN
esperando el boletín especial.

Los liquor stores y las tiendas
siguieron abiertos hasta tarde.
Nadie comprendía las señales.
Hasta la mujer que vio la silueta
de La Virgen de la Altagracia
en el cristal delantero de su jeepeta
fue al car wash a lavarla.

Nadie se percató que aquel caballo blanco
que arrastraba una carreta de naranjas
era del apocalipsis.

Moteles y bingos estaban abarrotados.
Las evangélicas que con sus panfletos
habían anunciado tanto el fin
se fueron a la cama temprano.

No cortaron las líneas de teléfono.
Ni se llevaron el agua y la luz.
Nadie vio las estrellas que caían del cielo.
Para cuando el arcángel Miguel sonó la trompeta
el partido de los Yankees
iba por el octavo inning.

28

The end of the world came to my neighborhood,
and no one cared.
My parents turned on *CNN*
waiting for the latest update.

Shops and liquor stores
remained open until late.
No one understood the signs.
Even the woman who saw the silhouette
of *La Virgen de la Altagracia*
on the windshield of her SUV
went to the car wash to clean it off.

No one noticed that the white horse
dragging a cart of oranges
was from the apocalypse.

Folks swarmed motels and bingo halls.
The evangelicals who, with their pamphlets,
had harangued about the end
went to bed early.

They didn't cut the phone lines.
Nor did they shut the running water and electricity.
No one saw the stars falling from the sky.
By the time archangel Michael sounded the trumpet,
the Yankees Game
was reaching the eighth inning.

29

Si estuvieras aquí me dirías
que mejor le dedique
el poema a otra persona,
pero yo insistiría y entonces
me pedirías que fuera breve,
que escriba un haiku
o algo por el estilo,
que no me moleste escribiéndote,
que hay gente, héroes, ciudades,
paisajes, animales,
a quienes nadie les dedica un poema,
a lo que te respondería
que no me importa, que quiero escribir de ti
y entonces mencionarías
figuras históricas, efemérides,
inundaciones, masacres,
golpes de estado, civilizaciones,
planetas, paisajes,
etcétera, etcétera, etcétera.

Si estuvieras aquí tendría que dedicarle
un poema a las nubes o al mar
como si fueran tú.

Si estuvieras aquí no te escribiría.

29

If you were here, you'd tell me
it would be better to dedicate
the poem to another person,
but I would insist and then
you would ask for it to be brief,
to write a haiku
or some such thing,
that I shouldn't burden myself by writing to you,
that there are people, heroes, cities,
landscapes, animals,
to whom no one dedicates a poem,
to which I would respond
I don't care, I want to write about you
and then you would mention
historical figures, commemorations,
floods, massacres,
coups, civilizations,
planets, landscapes,
et cetera, et cetera, et cetera.

If you were here, I would have to dedicate
a poem to the clouds or the sea
as if they were you.

If you were here, I wouldn't write to you.

30

Ya tengo cuarenta y aún no uso lentes.
Mi padre siempre usó lentes.
Yo conservo sus lentes.

A veces los toco, me los pongo
y me miro en el espejo buscando
algún parecido entre ambos.

Mis ojos son negros.
Sus ojos eran verdes.
Sus ojos que fueron perdiendo fuerza
tras leer todos los libros de su biblioteca.

Sus ojos gastados por leer en la oscuridad.
Por alumbrarse con la luz de una vela.

Sus ojos que descifraban la caligrafía
de los trabajos y de los exámenes
de sus estudiantes como si fuesen jeroglíficos.

Yo lo he tenido sencillo.
No he tenido estudiantes, ni discípulos.
Ni siquiera hijos.

Yo utilizo estas páginas
como si fuesen tablas de ouija
para conversar con los muertos.

30

I'm already 40 and I still don't need reading glasses.
My father always used glasses.
I hold on to his glasses.

At times, I touch them, put them on,
and look at myself in the mirror, searching
for some trait we share.
My eyes are black.
His were green.
His eyes which lost their strength
from reading all the books in his library.

His eyes worn out from reading in the dark.
From reading by candlelight.

His eyes that deciphered the calligraphy
in his students' reports and exams
as if they were hieroglyphics.

I've had it easy.
I haven't had students, nor disciples,
not even children.

I use these pages
as if they were Ouija boards
to speak with the dead.

Soy esa sombra que mi padre
arrastraba bajo los palos de luz del barrio
cuando retornaba de dar clases.

Esa oscuridad que lo raptó
cuando cerró por siempre sus ojos.

I'm that shadow
my father dragged beneath the streetlights
upon returning home from teaching.

That darkness that swept him off
when he closed his eyes forever.

31

No dejar que el tiempo borre su cara,
su barba, sus ojos verdes, sus lentes.

Si falta espacio en la memoria
he de suprimir nombres de calles,

de efemérides o borrar de mi mente
datos históricos, ecuaciones, poemas,

claves, direcciones, números de teléfono,
pasajes de novelas, películas completas.

No dejar que el olvido tache su voz,
su pronunciación, sus palabras favoritas.

Que siempre pueda convocar sus
ambiciones, su olor, sus rituales, su elegancia.

Que no se hunda nunca en la memoria
y que siempre se mantenga a flote

como esa vez que me enseñó a nadar
y yo tenía miedo y él me repetía

que nunca me soltaría, que siempre
me sostendría, y yo me agarraba

de su cuerpo y juntos flotábamos
en las cálidas aguas de la piscina.

31

Do not let time blot out his face,
his beard, his green eyes, his glasses.

If there's lacking some space in memory,
I must delete the names of streets and

commemorations, erase from my mind
historical data, equations, poems,

house keys, addresses, telephone numbers,
passages from novels, entire films.

Do not let oblivion strike out his voice,
His manner of speech, his favorite words.

Let it always be possible to summon his
ambitions, his fragrance, his rituals, his elegance.

Let it never sink into oblivion,
let it always stays afloat

like that time he taught me to swim,
and I was afraid, and he repeated

that he would never let go of me, that he would always
hold me, and I clung

to his body and together we floated
in the warm waters of the swimming pool.

No te atrevías a tocar sus libros,
sus papeles, sus archivos.

No podías aguantar que alguien
viniera y te dijera que no se ha ido.

Cuánto hubieras querido escupir
fuego por la boca o masticar vidrio.

No lograbas sostener la mirada
de tu madre más de tres segundos.

¿Qué hacer con los pésames y los
consejos de medio mundo?

El cura en la parroquia cuando hablaba
intentaba hacer contacto visual contigo.

Jesucristo colgado de su cruz también
quería hacer contacto visual contigo.

Tú te sentabas frente al mar.
Tú te dormías en un cine vacío.

Tú manejabas en círculos por el barrio.
Tu círculo del infierno personal.

32

You didn't dare touch his books,
his papers, his files.

You couldn't stand for someone
to come and tell you he's still with us.

How much you would have wanted to spit
fire through your mouth, or chew glass.

You couldn't tolerate your mother's
gaze for more than three seconds.

What use all the condolences and words
of wisdom from so many?

When the parish priest spoke
he was trying to make eye contact with you.

Jesus, as well, hanging from the cross,
he wished to make eye contact with you.

You would sit in front of the sea.
You would fall asleep in an empty movie theater.

You would drive in circles around the neighborhood.
Your circle of a personal hell.

Ponías música alta para callar
las voces que ladraban en tu cabeza.

Cuando el sol te encontraba
corrías como una rata de vuelta

a las alcantarillas de tu dolor, de tu
melancolía, de tu soledad, de tu pena.

Alguien repetía que siempre serías
el hijo de ese hombre, que cargarías

por siempre su nombre, su apellido
y tú callabas y lo único que querías

era dar con el truco perfecto
para desaparecer y no volver más.

La mosca sigue en la pared.
Los libros duermen en los libreros.

Tú inclinas la cabeza ante estos
poemas y escribes estos versos

en segunda persona para que así
las palabras duelan menos.

You would blast music
to drown out the voices barking in your head.

When the sun found you
you would scurry back like a rat

to the sewers of your wound, your
sadness, your loneliness, your grief.

Someone repeated how you would always be
the son of that man, that you would always

carry his name, his family name,
and you wouldn't say a thing, the only thing

you wanted was to find the perfect trick
to disappear and never return.

The fly remains on the wall.
The books sleep in the bookshelves.

You lower your head before these
poems and you write these verses

in second person so that
the words wound you less.

33

Antes de ir al hospital acompañé a mi padre
a recortarse el pelo y el barbero de brazos tatuados
limpió el sillón con un trapo como si se tratara de un trono
y mi padre con su barba y sus lentes dudó en sentarse,
porque él odiaba cualquier privilegio
y si iba a esa barbería donde los decibeles
del reggaetón y de las salsas
rompían los tímpanos de los clientes
era porque se sentía como en casa
y las tijeras del barbero eran un pájaro
que aleteaba sobre la cabeza de mi padre
y entonaba una canción
que era imperceptible para los mortales.

Era una canción sobre la muerte
y ese era el último corte que se haría mi padre
y eso no lo sabía el barbero,
no lo sabía yo
no lo sabía nadie.

Afuera brillaba el sol,
avanzaba el viernes
y los otros barberos trasquilaban
con sus maquinitas las cabezas
de otros clientes.

33

Before going to the hospital, I accompanied my father
for a haircut, and the barber with tattooed arms,
polished the seat with a rag as if it were a throne
and my father with his beard and glasses hesitated before sitting
because he loathed all privileges
and if he frequented that barbershop where the decibels
of *reggaeton* and *salsa* music
shattered the eardrums of the clientele
it was because he felt at home
and the barber's clippers were a bird
fluttering over my father's head
and it intoned a song
which was imperceptible to mortals.
It was a song about death
and that was the last haircut my father would have
and the barber did not know that,
nor did I know that,
no one knew.

Outside the sun was shining,
Friday was approaching,
and the other barbers sheared the heads
of their clients
with their little machines.

A veces he pensado en ir a la barbería
y contarle al barbero de brazos tatuados
que mi padre ha muerto.
O quizás no decirle nada
y sentarme a que me recorte
con esas tijeras que aletearon como un pájaro
sobre la cabeza de mi padre.
Entonces sabría el significado
de la lúgubre canción que las tijeras entonaron,
comprendería y sería como siempre
demasiado tarde.

At times I have thought of going to the barbershop
to tell the barber with tattooed arms
that my father has died.
Or perhaps not tell him a thing,
just sit down so he can cut my hair
with those clippers that fluttered like a bird
over my father's head.
Then I would know the significance
of the lugubrious song the clippers intoned,
I would understand and it would be, as always,
too late.

EARLIER POEMS

En la Biblia no aparece nadie fumando

Pero qué tal si Dios o los que escribieron la Biblia
se olvidaron de agregar los cigarros
y en realidad todas esas figuras bíblicas
se pasaban el día entero fumando
al igual que en los cincuenta en que se podía fumar
en los aviones y hasta en la televisión
y yo imagino a todos esos gloriosos judíos
llevándose sus cigarrillos a los labios
y expulsando el humo por las narices
en lo que aguardan
por sus visiones o porque Dios les hable,
e imagino a David tocando el harpa
en un templo lleno de humo,
a Abraham fumando cigarro tras cigarro
antes de decidirse a matar a Isaac,
a María fumando antes de darle a José
la noticia de que está embarazada,
e incluso imagino a Jesús sacando un cigarro
de detrás de la oreja y fumando
para relajarse antes de dirigirse a las multitudes
reunidas en torno suyo.
Yo no soy un fumador.
Pero a veces me vienen ganas y fumo
como en este instante en que miro la lluvia
caer tras la ventana

No One Smokes in the Bible

But what if God or those who wrote the Bible
forgot to include the cigarettes
and in reality those Biblical figures
spent the day puff-puff-puffing
just like how in the 50's one could smoke
onboard airplanes and even on television
and I imagine those glorious Jews
raising cigs to their lips
and expelling smoke from their nostrils
while awaiting
visions or God to address them,
and I imagine David plucking the harp
in a smoke-webbed temple,
and Abraham chain-smoking
before deciding to kill Isaac,
and Maria lighting up before breaking
the news to Joseph that she was pregnant,
heck, I even imagine Jesus pulling out a cigarette
from behind his ear and scratching a match
to take a breather before addressing the masses
gathered around him.
I'm not a smoker.
But sometimes I get the urge and I light up
just like this moment as I watch the rain
all cats-and-dogs outside the window

y me siento como Noé cuando esperaba
que pasara el diluvio y se la pasaba
de arriba a abajo por toda el arca
buscando donde había puesto
esa maldita cajetilla.

and I feel like I'm Noah when he was waiting
for the flood to cease, and how he trudged
up and down the ark just
trying to figure out where he had left
that damned pack.

AUTORRETRATO

Rodé al año y medio por las escaleras
hasta el segundo piso.
A los seis casi me ahogo en una piscina.
A los siete me arrastró la corriente de un río.
Me golpearon con un palo, con la culata de un fusil,
con una tabla. Me propinaron un codazo en la cara
y otro en el estómago, rodillazos,
machetazos, fuetazos.
El perro del vecino me mordió un brazo.
Me cortaron una oreja haciéndome el cerquillo.
Noqueado. Abofeteado. Calumniado.
Abucheado. Apedreado.
Perseguido por sargentos en motor.
Por dos cobradores.
Por tres mormones en bicicleta.
Por muchachas de Herrera y del Trece.
Me han atracado treinta veces.
En carros públicos. Taxis. Voladoras. A pie.
Alguien me dio una bola y me dijo I am gay.
Me robaron un televisor, un colchón,
seis pares de tenis, cuatro carteras,
un reloj, media biblioteca.
Se llevaron varios manuscritos y cometieron plagio.
(Con lo que me han robado pudieran abrir
una compraventa en Los Prados)
Me fracturé el brazo derecho, el anular, la cadera,

SELF-PORTRAIT

Year-and- a-half old, I rolled
down the stairs to the second floor.
Six, I almost drowned in the pool.
At seven, a river current dragged me.
They hit me with a stick, with a rifle's butt,
with a 2 x 4. They elbowed me in the face
and again in the stomach, kneed me,
struck me with machetes and fists.
The neighbor's dog gnarled my arm.
They cut an ear while shaping my sideburns.
Knocked out. Slapped. Slandered.
Booed. Stoned.
Hounded by sergeants astride motorcycles.
By two debt collectors.
By three Mormons pedaling their ten-speeds.
By girls from the 'hood.
I've been mugged thirty times.
In vans. Taxis. Speeding buses. On foot.
He hooked me up with a ride and then said: *I am gay*.
They stole a television, a mattress,
six pairs of sneakers, four wallets,
a watch, half of the titles from my bookshelves.
They carried off my manuscripts and committed plagiarism
With all the junk they stole one might as well open
a pawnshop for the middle-class.
I broke my right arm, the annular,

el fémur y perdí cuatro dientes.

El hermano Abelardo me dio un cocotazo que todavía me duele.

En la fiesta de graduación me cayeron a trompadas y botellazos.

Luego publiqué un libro de poesía y una vecina lo leyó

y escéptica dijo que era capaz de escribir

mejores poemas en media hora, y lo hizo.

Accidente con un burro en la carretera.

Intento de suicidio en Cabarete.

Taquicardia. Hepatitis. Hígado jodido.

Satanizado en Europa del este. Pateado por mexicanos en Chicago.

En Montecristi una mesera me amenazó de muerte

(ahora mismo, clava alfileres en un muñeco idéntico a mí)

Los vecinos sueñan conmigo baleado.

Los poetas con dedicarme elegías.

Otros con rociarme gasolina en la cabeza

y arrojar un fósforo y ver mis rizos en llamas.

Otras con llevarme a la cama.

Y hace semanas un policía me detiene y me pregunta

si yo no era el poeta que había leído poesía

aquella noche y le digo que sí y el policía

dice que son buenos poemas

y hace una reverencia o algo así.

the hip, the femur, and I lost four teeth.

Brother Abelardo gave me a headbutt that still aches.

At my graduation ceremony, they jumped me with blows and bottles.

Soon after, I published a collection of verse and a skeptical neighbor

thumbed through it and promptly said she could scribble

better poems in the blink of an eye…and did so.

A burro incident on the highway.

Attempted suicide at a beach resort.

Tachycardia. Hepatitis. Liver all fucked up.

Satanized in Eastern Europe. Stomped by Mexicans in Chicago.

A waitress in Montecristi swore she'd kill me.

(Even now, she's sticking pins into a doll of my spitting image.)

Neighbors dream of my bullet-riddled corpse.

Some poets dream of writing Odes to me.

Others of spraying gasoline on my head,

striking a match, then seeing my ringlets crackle ablaze.

Others, getting me into the sack.

Just a few weeks ago, a cop stopped me and asked

if I wasn't 'dat poet who had recited poems

one night and I tell him Yep and the cop

says Well those were some damn good poems

and then gives a little bow.

EN DAMEN

En Damen hay un bar
donde los empleados se aflojan las corbatas
y beben cervezas junto a muchachas que se roban
los libros de la librería de la esquina.

Sentado ahí escribí un poema
que me gusta mucho.

A la semana volví e intenté
escribir otro poema
sin resultado alguno.

Y es como hace unos días
que vi una puesta de sol en la ciudad
y me dije tengo que escribir un poema.

O el lunes que vi un pájaro chocar
una y otra vez contra el cristal de la oficina
y prometí dedicarle un poema.

O cuando perseguí a la muchacha
que se pinta el cuerpo de naranja
en Michigan Avenue
y ella se dio cuenta y corriendo detrás de ella
le grité tengo que escribir un poema.

In Damen

In Damen there's a bar
where employees loosen their ties
and guzzle beer next to girls who shoplift
poetry from the corner bookstore.

Seated on a stool, I wrote a poem
that deeply pleased me.

I returned the following week, attempting
to write more poetry,
but struck out.

And it's like a few days ago
when I gazed at an urban sunset,
I said to myself: I must write a poem.

Or on Monday, I saw a bird bang
against the office window,
I promised to dedicate it a poem.

Or when I chased after the girl
who paints her body orange
on Michigan Avenue
and she got wind of me while I ran after her
shouting: I gotta write a poem!

Y llego a la mitad de este poema sentado
frente a la bartender que ríe y fuma
y los empleados que ríen y fuman y las muchachas que ríen y fuman
 con sus volúmenes robados de Bataille en las carteras
y todos ríen y fuman pendientes a lo que escribo.

Y a medida que escribo, este poema se va llenando de gente que no conozco,
de lectores que nunca he visto, de lectores europeos,
mis lectores chinos, argentinos, árabes... de repente el poema
es como un bar donde la gente fuma y grita
y la única persona que no pertenece ahí soy yo.

John Keats escribió que no hay nada menos poético que un poeta.
El poeta no es la poesía, el poeta sólo escribe,
utiliza las palabras, las sube aquí, allá,
las baja, las roza,
al igual que un albañil levanta blocks y empañeta,
ya que el poeta con las palabras construye casas
para los lectores, esos que son unos hipócritas y se van sin pagar
y que a veces se meten en la boca una escopeta tan sólo porque les falta
lo que hay dentro de un poema, y a los que buscan y sufren y a los
                                        desahuciados
el poeta les da cobijo en sus poemas,
a melancólicos, a amantes, a putas, a locos,
a policías retirados...
y tan pronto el poeta acaba su casa
ya esta no le pertenece
y se marcha a levantar más casas a otro barrio y a otro pueblo.

Now I scribble next to the bartender who laughs and puffs
and the employees and girls who laugh and puff,
pilfered books inside their purses.

While I write, this poem fills with strangers,
readers I have never glimpsed, European readers, my Chinese readers,
Argentines, Arabs…suddenly the poem's like a bar
where people puff and jabber,
and the only odd-man-out is myself.

John Keats stated there's nothing less poetic than a poet.
Poet is to poetry what pipes are to water.
I'd like to add the poet only writes, uses the words, hoists them,
lowers them, brushes them,
a construction worker laying bricks, applying plaster,
the poet builds houses for readers, those ingrates who leave without paying,
and sometimes one puts a shotgun in one's mouth just because one's lacking
what's inside a poem,
and those who seek and sigh, the evicted,
the poet shelters them, as well as the melancholic, the lovesick, whores,
loonies, retired cops…
as soon as the poet constructs his house
he's no longer the owner,
so he sets off, building houses elsewhere.

Ahora en Damen anochece.
Afuera el viento juega empujando
·los columpios del parque.
Las luces tras las ventanas se encienden.

Night is falling in Damen.
Outside, wind pushes
the swings in the park.
The lights behind the windows click on.

METALDOM

Pongámoslo claro, tú nunca serás
la General Motors
y yo nunca seré García Lorca.

Tú seguirás envenenando estos barrios
con tu humo y yo escribiendo versos
en este teclado.

Los huracanes seguirán yendo y viniendo.
Las guaguas cada vez más destartaladas
atravesarán la Independencia.
Aumentarán los expresos chinos.
Las compraventas.
Las bancas de apuestas.
Las iglesias evangélicas.

Y donde había una casa
levantarán un edificio.
Y donde había un parque o un play
levantarán un supermercado, un proyecto
habitacional y una cadena de moteles.

Y los que andábamos
por las calles con una pelota
ahora andaremos con una pistola.

METALDOM[*]

Let's make this clear, you will never be
General Motors
nor will I ever be Garcia Lorca.

You will continue choking these neighborhoods
with your smoke, while I will continue pounding
out verses on this keyboard.

The hurricanes will come and go.
The buses, more and more ramshackle,
will cross Independence.
The All-Ya'-Can-Eat Chinese buffets will increase.
The secondhand stores.
The payday loans.
The evangelical churches.

And where there was a house
they will raise a building.
And where there was park or baseball diamond,
they will raise a supermarket, a housing
project, and motel chain.

And those that once walked
down the street bouncing a ball,
will now walk down the street wielding a pistol.

––––––––––––––

*   *A Smelting Factory in Santo Domingo.*

Y cuando nos despierte la sirena de la ambulancia
palparemos nuestros cuerpos
para asegurarnos que no viene por nosotros.

Metaldom, ¿cuántos toyotas, cuantos mazda,
cuantos Daihatsu
sacrificarás esta noche?

Al igual que en los versos
de una epopeya griega
tu columna de humo se alza frente al mar
para aplacar a los dioses.
Pero los dioses se fueron ya
y no dejaron sus direcciones.

Metaldom, en el 2060 serás un Hotel de cinco estrellas.
Yo seré un viejo gruñón
en silla de ruedas
que recitará versos los domingos
y los días de fiestas.

Recuerda, tú nunca serás la General Motors
y yo nunca seré García Lorca.

And when the ambulance siren
awakens us, we will clutch our bodies
to assure ourselves that it isn't coming for us.

Metaldom: How many Toyotas, how many Mazdas,
how many Daihatsus,
will you sacrifice tonight?

Just like the verses
from a Greek Epic Poem
your column of smoke rises before the sea
to appease the Gods,
but the Gods are departed,
and have left no addresses.

Metaldom, in the year 2060 you will be a Five Star Hotel,
and I will be an old crank
in a wheelchair,
reciting verses on Sundays
and holidays.

Remember: you will never be General Motors
nor will I ever be Garcia Lorca.

Breve Conversación con el Mar Caribe

Te cuento que el otro día conocí
al mar Mediterráneo y fue un poco
como conocer un actor olvidado.

Caminé por el malecón oyendo
sus olas que sonaban como
la tos de un Joe Pesci asmático.

Aunque más que un actor olvidado
el mar recordaba las momias que
exhiben en el museo del Cairo.

Nada que ver contigo, mar Caribe,
que esta tarde tienes tanto vigor que
parece que vienes del gimnasio.

No sé si te prefiero cuando
te tiendes manso y reposas como
un león en medio de la pradera.

O cuando te enfureces y ruges
e intentas sodomizar la costa
a la manera de Marlon Brando

en *El último Tango en París*.
Los pelícanos y las gaviotas se
te escurren de los dedos cuando

BRIEF CONVERSATION WITH THE CARIBBEAN SEA

I tell you, the other day I met
the Mediterranean and it was a bit
like spotting a washed-out actor.

I walked along the Oceanside hearing
waves which sounded like
the cough of an asthmatic Joe Pesci.

More than some forgotten actor
the sea reminded one of the mummies
on display in the museum of Cairo.

Nothing like you, Caribbean Sea...
this afternoon you possess so much strength
it seems you're fresh from the gym.

I don't know if I prefer
when you stretch out tame and basking
like a lion on the savanna.

Or when you become enraged and roar
and try sodomizing the coast
just like Marlon Brando's exploits

in *Last Tango in Paris*.
Pelicans and seagulls drip
from your fingers when

intentas atraparlos, es como si
quisieras salirte del lecho,
pero tus cadenas te sostienen

con tanta fuerza que no te queda
de otra que gritar y despotricar.
Di la verdad, ¿no te molestan

los cruceros con ancianos
y toda esa basura que te arrojamos?
Te hemos envenenado, contaminado.

El año pasado tus costas tenían
tantas algas que parecía que
en nuestras playas un turista

te contagió la sífilis.
Yo me dije esto se ve feo.
Y me pregunté si este no era el fin.

Pero en vez de mandar un tsunami
y desquitarte de nuestras ciudades
y borrar del mapa a Miami,

volviste a pacer tu rebaño de olas
que balaban en paz y en armonía
a lo largo y ancho de la costa.

you try to trap them, and it's as if
you would like to leave your lair,
but your chains hold you

with such strength you're
left ranting and wailing.
Tell me the truth. Don't the cruise ships

filled with the elderly, and the trash
we toss disturb you?
We've poisoned, contaminated you.

Last year your coasts were slimed
with such algae it seemed
some tourist on our beaches

had infected you with syphilis.
I told myself: What a mess.
Then asked if this were the end.

But instead of unleashing a tsunami
to retaliate against our cities
and wipe off Miami from the map,

you returned to grazing your flock of waves
that bleated in peace and harmony
far and wide along the coast.

¿Qué más te digo? Eres el mar
de mi infancia, me he pasado
la vida descifrando tus palabras.

Ambos hemos envejecido, pero
a pesar del paso del tiempo
sigo viniendo a este arrecife

a conversar contigo con la
misma inocencia de cuando
era niño y paseando por

tus playas recogí una caracola
y me la llevé al oído y tú me
hablaste por primera vez.

What else can I tell you? You're the sea
of my boyhood. I have spent my life
deciphering your words.

We have both grown old, but
despite the passing of time
I continue returning to this reef

to converse with you, and with
the same innocence as when
I was a boy and wandered

your beaches, picked up a conch,
and set it against my ear, when you
spoke to me for the first time.

Quiero creer

Recuerdo que tenía una vecina
que aseguraba que el piloto

de la avioneta que sobrevolaba
el vecindario era su novio.

Ella se maquillaba y se paraba
en una esquina con la cabeza

alzada hacia el cielo esperando
que apareciera la avioneta.

Cuando pasaba ella se ponía
eufórica y agitaba un pañuelo

como si fuese posible que él
la viera desde las alturas.

Sabíamos que no existía el novio
piloto y que todo no eran más

que ilusiones y delirios de una
Emma Bovary de los trópicos.

Incluso estábamos enterados
de que la avioneta despegaba

de un aeropuerto cercano y que
era piloteada por aficionados

I Want to Believe

I remember I once had a neighbor
who assured me that the pilot

aboard the little plane that circled
above the neighborhood was her sweetheart.

She would put on makeup and stand
on a corner, her head looking

up to the sky, waiting
for that little plane to appear.

Whenever it flew by, she would
turn euphoric, and wave a kerchief

as if it were possible for him
to see her from those heights.

We knew that the pilot sweetheart
didn't exist, that it was all

illusions and deliriums belonging
to a tropical Emma Bovary.

We even had the inside scoop:
the little airplane took off

from a nearby airport and that
it was piloted by aficionados

que hacían sus horas de vuelo.
A pesar de eso, seguíamos

fantaseando con el novio piloto
como si estuviésemos viendo

una película de Hollywood
y no pudiéramos hacer nada

al respecto, una película
sobre la Segunda guerra mundial

titulada *La novia del piloto*,
protagonizada por Audrey

Hepburn, aunque en este caso,
una Audrey Hepburn negra.

Aún hoy sigo recordando
su belleza y envidiando a aquellos

que sobrevolaban en la avioneta
nuestro vecindario y que no

tenían idea que aquí abajo
estaba ella saludando y soñando

con que un día la raptarían
y se la llevarían lejos.

who enjoyed some flight time.
Despite that, we continued

to fantasize about the pilot sweetheart
as if we were watching

some movie from Hollywood
and we couldn't do anything

about the matter, a movie
about World War II

entitled *The Pilot's Sweetheart*,
with Audrey Hepburn

in the lead role, but in this case,
a black Audrey Hepburn.

Even today, I still remember
her beauty and envying those

aboard the little airplane that
circled above our neighborhood yet

had no idea that down here
she was waving and dreaming

that one day they would elope
and take her far away.

BUZOS EN EL MALECÓN

Durante la temporada de cruceros las brigadas
limpian la costa para que los turistas
no vean los desperdicios provenientes
de las márgenes del río Ozama.

Pero no estamos en temporada de cruceros
y las olas discurren cargadas de basura.
Los pelícanos se lanzan en las aguas
y confunden los peces con zapatos o fundas.

Hace cien años los norteamericanos
enviaron su buque insignia: el Memphis
y lo detuvieron frente a la urbe
para que todos contemplaran el poderío

del imperio, pero Poseidón fue más fuerte
y con su oleaje hizo encallar al buque.
Con los años quedó la cáscara del Memphis
como símbolo para los historiadores

hasta que fue desguazado o comprado
por un empresario cubano o no sé
si fue que sencillamente se hundió.
La cosa es que eso ocurrió hace cien años

DIVERS AT THE PORT

During the cruise ship season, the brigades
cleaned the coast so that tourists
would not see the waste roiling
from the edges of the Ozama river.

But we're not in the season of cruise ships
and the waves roll, loaded with trash.
Pelicans dive into the waters
and confuse shoes and plastic bags for fish.

A hundred years ago, the North Americans
sent their flagship: the Memphis
and they dropped anchor in front of the city
so that all could contemplate the Empire's

power, but Poseidon was stronger
and his sea-surge shipwrecked the vessel.
As the years passed, only the shell of the Memphis
remained as a symbol for historians

until it was scrapped or purchased
by some Cuban tycoon or, I don't know,
maybe it simply sank. What matters,
though, is all that happened a hundred years ago,

y hoy se pueden ver unos buzos
que se sumergen en busca de lo que queda
del Memphis. A veces sacan metales,
en ocasiones hasta plata y cobre.

Y sentado acá uno sabe que es imposible
luchar contra este mar que no deja
de moverse y que personifica la historia.
Así que uno sencillamente espera

observando a los buzos que emergen
con metales del Memphis
como si volvieran del pasado
y trajeran pruebas para demostrarlo.

and nowadays one can watch divers
submerge and seek what remains
of the Memphis. Sometimes they remove metal,
occasionally even silver and copper.

Seated here, one knows it's impossible
to struggle against that sea which doesn't
cease stirring and which personifies history.
So. One simply waits, observing

the divers as they surface
with metal from the Memphis
as if they returned from the past,
bringing bits of evidence as proof.

Frank Báez, born in the Dominican Republic in 1978, has published six books of poetry, a short story collection, and three nonfiction books. In 2006 he received the Short Story Prize of the Santo Domingo International Book Fair for *Págales tú a los Psicoanalistas*, and in 2009 he won the Salomé Ureña National Poetry Prize for *Postales*. In 2017 he was selected by the Hay Festival as a member of Bogotá39, the list of the best Latin American writers under forty years of age. His work has appeared in numerous anthologies, and translations of his books of poetry have been published in Arabic, Dutch, German and English.

Anthony Seidman (Los Angeles, 1973) is a poet and translator. His most recent collection of poetry is *That Beast in the Mirror* (Black Herald Press, France), a bilingual collection of his poetry with French translations by Blandine Longre. His full-length translations include *A Stab in the Dark* (LARB Classics, 2019) by Facundo Bernal, *Caribbean Ants* (Spuyten Duyvil, 2020) by Homero Pumarol, and *Contra Natura* (Cardboard House Press, 2022) by Rodolfo Hinostroza.